LAS FRASES SANADORAS

LAS FRASES SANADORAS

El lenguaje corporal y espacial
en las constelaciones familiares

BRIGITTE CHAMPETIER DE RIBES

Ilustrador:
Guillermo García García

Primera edición: febrero de 2021
Primera reimpresión: abril de 2021
Cuarta reimpresión: octubre de 2023

Título: *Las frases sanadoras*

Diseño de cubierta: Rafael Soria

© 2020, Brigitte Champetier de Ribes
Publicado por acuerdo con la autora

De la presente edición en castellano:
© Distribuciones Alfaomega, S. L., Gaia Ediciones, 2020
   Alquimia, 6 - 28933 Móstoles (Madrid) - España
   Tel.: 91 617 08 67
   www.grupogaia.es - E-mail: grupogaia@grupogaia.es

Depósito legal: M. 28.932-2020
I.S.B.N.: 978-84-8445-887-6

Impreso en España por: Artes Gráficas COFÁS, S.A. - Móstoles (Madrid)

Cualquier forma de reproducción, distribución, comunicación pública o transformación de esta obra solo puede ser realizada con la autorización de sus titulares, salvo excepción prevista por la ley. Diríjase a CEDRO (Centro Español de Derechos Reprográficos, www.cedro.org) si necesita fotocopiar o escanear algún fragmento de esta obra.

Me abro a mi guía.

Con alegría te veo, lector.
Este libro está a tu servicio.

Siento a todos los que te rodean.
Me abro a vuestros guías. Que dirijan mis palabras.

Índice

Preámbulo	15
Expandir la filosofía de las fuerzas del amor	15
La conexión es lo primero	16
La coincidencia entre Bert Hellinger y el Dr. Hamer	17
El lenguaje del campo	17
Generalidades	21
Definir el espacio	21
Temperatura ambiental	22
Sobre los representantes	22
Un representante se queda con una sensación desagradable	25
Zurdos	25
Lenguaje polisémico	26
Las frases	28
1. Posturas	31
Los asistentes, antes de entrar en la constelación	31
Sentado en loto en la silla	31
Piernas y brazos cruzados	31
Representantes de pie	32

  Con los brazos abiertos 32
  Subido a una silla 32
  De puntillas 33
  De pie, esperando 33
 Estar tumbado 33
  Un vivo se tumba en el suelo 33
  Tumbado bocabajo 34
  Tumbado bocarriba 35
  Tumbado en postura fetal, o sentado 35
  Ancestros tumbados o de pie 35
  Ancestro tumbado con un brazo separado
   del cuerpo 37
  Ancestro tumbado moviendo un pie, una mano,
   una pierna 37
  Antepasada tumbada con las piernas abiertas 38
  Antepasada tumbada con las manos encima
   del vientre 38
  Un muerto tumbado agarrando al vivo 39
 Los pies 39
  Los dedos de los pies están levantados 39
  El pie reposa en el costado externo 40
  Se apoya solo en uno de los pies 40
  Pies cruzados 41
 El abrazo 41
  La cabeza en el hombro derecho 41
  La cabeza en el hombro izquierdo de la otra
   persona 42

2. LA MIRADA DE LOS REPRESENTANTES 45
 Mirar al suelo 46
 Mirar a la horizontal 46

ÍNDICE

    Mirar hacia la vida, ligeramente por encima
       del horizonte 47
    Mirar algo a una cierta altura, con un ángulo
       de 45 grados con la horizontal 47
    Mirar hacia arriba 48
    Mirar el pasado, mirar a lo lejos 49
    Mirar afuera del círculo, a un lateral 50
    Mirar solo a uno de los padres 50
    Desviar la mirada 50

3. MOVIMIENTOS 51
    Dar vueltas en círculo 51
    Anda hacia el pasado 52
    Anda hacia la vida 52
    Avanzar de espaldas 52
    Bostezo 52

4. GESTOS 53
    Puños cerrados 53
    Rigidez en manos y brazos 53
    Señalar algo con un dedo 53
    Taparse los ojos o la boca 54
    Taparse los oídos 55
    Brazos cruzados 55
    Manos juntas delante 56
    Manos escondidas en los bolsillos o detrás
       de la espalda 57
    Cruzar las muñecas 57
    Una mano agarra el otro brazo 58
    Movimiento de los dedos 59
       Mano izquierda 59

Mano derecha	62
Movimientos de dedos sueltos	64

5. SENSACIONES 67
   Nociones generales 67
   Parte derecha del cuerpo 67
   Parte izquierda del cuerpo 68
   Huesos 68
   Músculos 68
   Mucosas 69
   Nervios 69
   Sensaciones en órganos 69
   Brazo derecho 69
   Brazo izquierdo 70
   Bronquios 70
   Cabeza 71
   Caderas, cuello del fémur 71
   Calor 72
   Cosquilleo 72
   Costilla 72
   Cóccix 73
   Cuello, cervicales 73
   Diafragma 74
   Encías 74
   Espalda 74
   Estómago 76
   Frío 76
   Garganta 76
   Hígado 77
   Hombro derecho 78
   Hombro izquierdo 79

ÍNDICE

Ambos hombros	79
Intestinos	79
Mama derecha	80
Mama izquierda	80
Mandíbula	80
Mano	81
Mano derecha	81
Mano izquierda	81
Mareo, vueltas o vértigos en la cabeza	81
Náuseas, ganas de vomitar	82
Oído	82
Ojos	83
Ojo derecho	83
Ojo izquierdo	83
Omoplato	83
Ovario	84
Párpados	84
Pecho, corazón	84
Picores	84
Pie	84
Piernas	85
Pulmones	86
Puños cerrados	86
Respirar	86
Rigidez	87
Riñón, dolor en el riñón	87
Risa	88
Rodilla, dolor en la rodilla	88
Sentirse normal	88
Tobillo	88
Vesícula	89

Preámbulo

EXPANDIR LA FILOSOFÍA DE LAS FUERZAS DEL AMOR

Hoy el mundo necesita confiar de nuevo en la vida. En vez de tener miedo, precisa saber el significado de las señales de la vida como enfermedades, fracasos, precariedad.

Nuestras vidas forman parte de un proyecto evolutivo infinito. La humanidad es una realización de amor en crecimiento, dirigida por las fuerzas del amor hacia el amor desarrollado.

Nuestros sistemas familiares nos necesitan abiertos a la vida, asumiendo nuestras decisiones, en el respeto y agradecimiento a todos y a todo. Necesitan que dejemos atrás el pasado y sus intrincaciones y que nos atrevamos a vivir como adultos presentes.

Las constelaciones familiares son la herramienta que Bert Hellinger creó para liberar a los vivos de su rechazo al momento presente y para permitir que la vida fluya con fuerza y armonía hacia la reconciliación de todos con todos.

Por eso, es mi obligación, hoy, compartir lo que pueda ayudar a comprender mejor el campo de las constelaciones, ese espacio energético donde las fuerzas del amor nos hablan para sanar nuestros sistemas familiares, permitiendo saltos cuánticos que expandan nuestra conciencia y nos hagan vivir mejor.

LA CONEXIÓN ES LO PRIMERO

He dudado mucho tiempo antes de decidirme a escribir este libro, por el miedo a que se tomaran las constelaciones como un ejercicio mecánico de observación y caza del movimiento, olvidando lo principal: la conexión del facilitador con algo mayor. Sin esta conexión, las constelaciones se vuelven peligrosas, tanto para el cliente y como para el constelador.

El constelador está al servicio del sistema familiar de su cliente y de la restauración del fluir de las fuerzas del amor en la vida del cliente. La humildad y el centramiento son la actitud principal para acercarse al lenguaje del campo.

El diálogo con el campo es una herramienta fenomenológica que exige el abandono de las hipótesis y la rendición a ese mismo campo. Pide aceptar que cada vida es única, dirigida por las fuerzas del amor al servicio del destino colectivo.

Cuanta mayor conexión tenga el facilitador con algo mayor, más precisa será la información de su guía. La calidad de una constelación depende del constelador.

Es muy fácil caer en un error o crear un nuevo daño interpretando un gesto con ligereza. El constelador sabe que la compensación del dar y recibir está siempre en acción: si le hace un bien a su cliente y al sistema de su cliente, el profesional y su sistema se verán beneficiados, y, de la misma manera, si el cliente y su sistema salen perjudicados de una constelación, el constelador y su sistema también empeorarán.

LA COINCIDENCIA ENTRE BERT HELLINGER Y EL DR. HAMER

Este libro recopila lo que he ido aprendiendo, a lo largo de los años, sobre el lenguaje espacial y corporal del campo de las constelaciones.

Este conocimiento nació al darme cuenta de que la Nueva Medicina del Dr. Hamer daba exactamente el mismo significado a las localizaciones de los dolores en el cuerpo que nosotros en las constelaciones. Y pude ver con gran sorpresa que las interpretaciones que yo aún desconocía, y que el Dr. Hamer relata en sus documentos, tenían un efecto sanador inmediato en el movimiento de los representantes de las constelaciones.

Desde las primeras comprensiones de Bert Hellinger sobre el significado de las miradas, y en especial de la mirada al suelo, fuimos capaces de entender paulatinamente muchas cosas, de tal manera que ahora sabemos que el campo está dialogando sin cesar con el constelador, mostrándole paso a paso lo que la energía del sistema familiar necesita para liberar a muertos y vivos.

EL LENGUAJE DEL CAMPO

Ese lenguaje es universal, no depende de mudras que se cultivan, ni de campos mórficos que crecen o menguan. Quizás lo entendemos mejor cuando tomamos conciencia de que el lenguaje universal de la enfermedad utiliza los mismos significados corporales a lo largo y ancho del planeta. Los conflictos que desencadenan una u otra enfermedad son los mismos sean cuales sean las culturas o la época en la que fueron vividos, y nuestro cuerpo refleja exactamente de la misma manera cada tipo de conflicto, independientemente de dónde y cuándo se vivió ese conflicto.

Nuestra biología nos informa con movimientos involuntarios y sutiles de lo que nos aleja de nosotros mismos. Nos guía siempre hacia el presente y el respeto de las fuerzas del amor. Conforme nos volvemos más ciegos a la realidad presente, las señales se transforman en sensaciones cada vez más molestas, impidiéndonos seguir con la conducta perjudicial, con la finalidad de que decidamos conscientemente volver al presente y al amor mayor.

En las constelaciones, movimientos sistémicos o cualquier otra terapia, el campo energético que engloba a cliente y facilitador va informando a este último de las necesidades sistémicas no atendidas por el cliente. El conocimiento del lenguaje corporal será de la mayor ayuda para apoyar al cliente en su camino de liberación y crecimiento.

La actitud fenomenológica del terapeuta le abrirá a las señales y a su comprensión. Desde su no hacer, podrá ser el instrumento del campo.

La fenomenología es una disciplina de rendición al presente que exige simultáneamente la mayor preparación y la renuncia a lo conocido, a hipótesis y protocolos.

Recordaremos que la fuerza del equilibrio entre dar y recibir está siempre en acción. La actitud fenomenológica es una entrega al presente, es la purificación que permite llegar a la iluminación. La purificación a través de la rendición al guía es nuestra tarea; el paso siguiente, la comprensión, ya no depende de nosotros, es el regalo del universo, del sistema familiar, de algo mayor a cambio de nuestra entrega. La fuerza del equilibrio en acción. Lo que das recibes…

El constelador que se abre totalmente a su guía y al campo recibe a cambio grandes apoyos.

Generalidades

DEFINIR EL ESPACIO

A nivel individual, para un diestro, el futuro está a la derecha, el pasado está a la izquierda y el presente, delante. Para un zurdo, el futuro está a la izquierda, el pasado está a la derecha y el presente permanece delante.

Para un grupo, el constelador buscará el espacio más abierto para simbolizar la vida y en la dirección opuesta situará la muerte y el pasado. Es bueno avisar al grupo de esta distribución, para facilitar la toma de conciencia.

El espacio se suele dividir en tres zonas:

— La primera sería la zona en la que se desarrolla la constelación, es no local y atemporal.
— Detrás está el espacio de los antepasados, de la muerte y de las intrincaciones con ancestros lejanos.
— Delante está la vida, el presente y el futuro próximo.

En los laterales de la sala estarían los excluidos vivos y las personas externas a la familia que tienen algo pendiente con un familiar (algo pendiente como una culpa no asumida o un daño recibido no reconocido por el familiar perpetrador).

Estar fuera del círculo de las sillas señala una gran exclusión.

TEMPERATURA AMBIENTAL

Un exceso de calor ambiental entorpece, adormeciendo tanto los movimientos de los representantes como las percepciones del constelador.

Un exceso de frío bloquea la representación, disparando las resistencias: las personas cruzan los brazos para ahorrar el calor corporal, están tensas y no se permiten abrirse al movimiento de la representación.

SOBRE LOS REPRESENTANTES

Una representación es como una meditación: dejarse penetrar por una energía superior.

El representante está centrado, relajado, sin intención ni emoción. En silencio interno. Consciente de no aportar nada personal a la representación.

Sabe que cuanto más se entregue a la constelación, más recibirá después. Y por el contrario, si pone algo de su vida, de sus emociones o intenciones, o habla internamente, habrá «usurpado» el rol del movimiento del espíritu. Como consecuencia, el cliente y su sistema familiar, el mismo representante y su sistema familiar, todos empeorarán.

GENERALIDADES

Representar es una experiencia muy profunda: dejarse mover por la energía, por algo más grande, por las fuerzas del amor.

No todo el mundo puede representar: se necesita aprendizaje para saber dejarse mover por la fenomenología del campo, para dejarse empujar por un movimiento sutil, muy lento y aparentemente sin sentido sin aportar intención, sin sobreactuar.

Es más fácil vivir las emociones del psicodrama que surgen de un nivel más superficial de nuestro ser. El psicodrama tiene todo su valor como herramienta de liberación, pero en otro contexto. En efecto, por un lado, el dramatismo mezcla las proyecciones de la propia persona con la información que ha podido recibir del personaje representado, y, por otro lado, no permite descubrir y liberar las dinámicas sistémicas porque las oculta.

A consecuencia de esto, la primera tarea del constelador es preparar bien a su grupo, centrarlo y enseñarle a percibir el movimiento de la representación fenomenológica.

Los representantes pueden representar, sin saberlo, a partes del cliente, a vivos, muertos, excluidos, conocidos, desconocidos, energías, personas vivas de otros sistemas que necesitan presenciar esta constelación, etc.

Todas las personas centradas del grupo son tomadas al servicio de la constelación que se presencia, sea cual sea el número de asistentes.

En las nuevas constelaciones, el constelador decide al principio, de un modo minimalista, con qué representantes empezar; menos es más. El campo se encargará de hacer aparecer a todos los demás representantes necesarios: ancestros, vivos, energías, a veces un animal...

Los presentes, en su silla, se sentirán empujados por una fuerza sutil y contundente, como en los ejercicios sistémicos, y se dejarán guiar por esa fuerza para participar en la constelación, sin necesidad de saber a quién representan, en silencio interno, sin intención ni emoción.

Es fundamental que no actúen desde un patrón o un hábito: «*Ahora tengo que…*», «*Ahora debería…*», sino que se dejen actuar por el campo aunque les parezca impropio. Como en los siguientes ejemplos: un representante, frente a su madre o su padre, internamente piensa: «*Debería inclinarme, es lo que tiene que hacer*». Esta interferencia suya le impide dejar actuar a su cuerpo, que habría mostrado dónde está la dificultad de este cliente para tomar a sus padres. Y la consecuencia, en el mejor de los casos, es que ha inhabilitado la constelación.

El siguiente ejemplo es el caso de un representante que hace de muerto; sintiendo que está «muy» muerto, en un momento dado percibe que su cuerpo se quiere levantar; si está centrado obedecerá al movimiento de su cuerpo y se levantará, aunque le parezca incoherente. Pues estos movimientos sorprendentes aportan información muy valiosa, son regalos del campo.

El constelador preguntará a su guía interno si hace falta conocer la identidad de tal o cual representado: casi nunca es preciso saber la identidad de los representados, salvo la de los padres, hermanos o abuelos.

Cuando menciono que sería útil «hacer aparecer a un ancestro» que el campo está señalando, significa que el constelador necesita decir al grupo: «*Alguien sentirá que tiene que levantarse y participar*». Una persona sentada se sentirá tomada por la información y llegará muy lentamente a la posición señalada.

UN REPRESENTANTE SE QUEDA CON UNA SENSACIÓN DESAGRADABLE

Cuando un representante se queda con una sensación después de terminar la constelación, existen dos posibilidades:

- Esta sensación pertenece a la constelación, entonces es bueno que el representante avise al constelador de lo que siente al terminar la constelación. El constelador, en ese momento, testará qué movimiento hacer. A menudo no hace falta retomar la constelación, sino que el cliente dirá una frase a uno de los representantes, ya sentados en sus lugares. Frase que hará desaparecer la sensación pendiente al cumplir con el paso que faltaba.
- Si la sensación permanece más allá de unos dos minutos, muestra que pertenece a la persona que la padece. Podrá agradecer el hecho de que esta constelación despertó algo ignorado por ella y ahora tiene la ocasión de sanarlo. Es la oportunidad para el constelador de practicar la constelación de una sola frase.

ZURDOS

La representación es siempre diestra. Un zurdo será representado como si fuera diestro y el zurdo, cuando represente, también lo hará como un diestro.

En la familia ordenada, el padre está detrás del hombro derecho de su hijo o de su hija, y la madre, detrás del hombro izquierdo. Este hijo o hija será espejo del orden entre sus padres y será diestro: la parte derecha de su cuerpo —menos en los hemisferios cerebrales— será la parte masculina, coincidiendo con el hecho de que el padre y la rama paterna se representan fenomenológicamente a la derecha del hijo o de la hija. Y su parte izquierda —menos en los hemisferios cerebrales— será la parte femenina, en concordancia con el hecho de que la madre y la rama materna están fenomenológicamente en la parte izquierda del hijo o de la hija.

Si la madre está a la derecha del padre, en el cuerpo del descendiente lo femenino estará a la derecha y lo masculino a la izquierda. Este descendiente será zurdo.

Después de que esta persona zurda haga varias constelaciones y tome incondicionalmente a sus padres, estos padres se sanan. Quiere decir que se reordenan de un modo totalmente espontáneo. Y la persona deja de ser zurda cerebralmente, aunque sus músculos sigan con su hábito. La persona no suele darse cuenta de su cambio de lateralización, pues los músculos siguen con su adiestramiento, pero lo podremos comprobar representando a esa persona.

Para saber si alguien es zurdo, o sigue siéndolo, pueden hacer esta prueba: la persona zurda localiza una molestia o un dolor en alguna parte de su cuerpo, por ejemplo en el brazo derecho. Alguien representa a esa persona. Al cabo de unos segundos, el representante, que nunca es zurdo, sentirá la molestia en el brazo izquierdo si la persona es zurda o en el brazo derecho si la persona es diestra o ha dejado de ser zurda.

LENGUAJE POLISÉMICO

Las señales del campo son polisémicas, es decir, que los signos que utiliza el sistema familiar tienen varias lecturas posibles.

Ahí está la dificultad y la necesidad de la conexión y de la fenomenología.

Casi siempre un gesto se entrecruza con otra información corporal o espacial. Simultáneamente varias señales corporales o espaciales tienen varias lecturas.

El campo informa al constelador y al cliente de lo que impide el fluir de la vida.

Cada gesto o postura son señales, todo es significativo, aunque todavía no sepamos descifrarlo todo. Cada movimiento nos va explicando una situación desconocida que necesita ser reconocida e incluida, mostrando una emoción bloqueada o una transgresión de una fuerza del amor, y también nos informa de la necesidad de introducir a un excluido.

Por esa razón, el constelador debe estar atento a todas las señales que el campo energético de la constelación le va a ir ofreciendo: miradas, posturas, gestos de los representantes, movimientos o incidencias en el grupo, reacciones del cliente, etc.

La primera etapa de la constelación es la de la colocación espontánea de todos los representantes necesarios. El constelador espera hasta que todos se queden sin movimiento.

Después y solo después, el constelador podrá empezar a intervenir, leyendo la representación fenomenológica, pidiendo al cliente que diga una frase o, si el guía así lo indica, explicando lo que se ha mostrado. Esta explicación, dirigida por el guía, suele provocar poderosos movimientos de sanación.

Los diferentes significados posibles de un gesto se señalarán con un boliche como este:

- Una interpretación posible.
- Otra interpretación posible.
- Otra más…

LAS FRASES

Las frases expresan los pensamientos creadores de realidad. Estos pensamientos pueden ser conscientes o inconscientes. Desencadenan reacciones químicas que producen la emoción y la acción anunciadas por el pensamiento.

La frase emite un pensamiento que va a modificar la emoción del representado. Debe decirse sin emoción ni entonación, de un modo neutro, centrado y determinado. La persona la dirá preferentemente en el idioma de su infancia. Por ejemplo, un representante lleno de ira dirá, un par de veces, sin emoción pero con determinación: «*Estoy muy enfadado*», y, en segundos, la ira desaparecerá.

La frase adecuada modifica la parte cuántica del ADN (el 98 %), que a su vez dirige el 2 % responsable de nuestra adaptación concreta.

La frase adecuada libera nuestro guion de vida, liberando al vivo y a todos los muertos relacionados con esta situación.

La buena frase es original. Las frases propuestas aquí solo son una orientación.

La frase empieza su efecto en el campo cuando el constelador comienza a pensar en ella. Se necesitarán entre nueve y diez segundos después de una frase antes de emitir otra, para que las palabras tengan el tiempo de expandirse por toda la persona y todas las personas que resuenen con ella, creando reacciones en cadena en el organismo de cada uno, en todo el sistema familiar, modificando creencias, intrincaciones, emociones, decisiones de guion, etc.

La información verbal y no verbal se transmite de forma inmediata, independientemente de la distancia entre las personas. Este fenómeno se debe al entrelazamiento «cuántico» de todos los que resuenan entre sí. A veces la información del representado alcanza simultáneamente al representante (ocurre solamente si este representante resuena con la vida del representado y consigue no poner nada de sí mismo en la representación).

Cuando la información llega en el mismo instante a una persona alejada, la física cuántica da el nombre de teletransportación o teleportación a este fenómeno.

Con las frases se utiliza el minimalismo. Cuantas menos frases, más fuerza. El arte es encontrar la frase que presupone a varias otras. Los diálogos de psicodrama no son eficientes aquí. Se tratará de decir la única frase eficaz de todo un diálogo ritualizado para cada cliente.

La frase puede revelar la realidad que la persona no se atrevía a asumir: «*Quiero matar*».

Puede mostrar el paso que la persona necesita dar. Al pronunciarla, aunque no la «sienta» como verdadera, la persona percibe que algo en ella se modifica y que algo en ella empieza a sentir lo que antes rechazaba. La frase crea una nueva realidad.

Bert Hellinger entendió tardíamente (entre 2008 y 2010) que no tenemos permiso de hacer hablar a los representantes. Los únicos que pueden hablar son el constelador y el cliente.

A veces el constelador se da cuenta de que hace falta una frase en el campo, pero que no es una frase del cliente, por ejemplo puede percibir que el movimiento de la constelación se ha bloqueado a la espera de una frase entre la madre y la abuela del cliente. Evidentemente el cliente no la puede decir, sería una «usurpación»; entonces el constelador encontrará la manera de hacer aparecer esta frase en el campo. Por ejemplo, puede decir: «*Ahora se necesita oír a la madre diciendo gracias a la abuela»*. Y solamente al oír esto, todo se pone en movimiento.

La conexión del constelador con su guía es fundamental para esos momentos.

1. Posturas

LOS ASISTENTES, ANTES DE ENTRAR EN LA CONSTELACIÓN

Sentado en loto en la silla

No ha tomado a sus padres. Se aísla de la realidad y tiene poca fuerza. Es una actitud de supervivencia que implica una desconexión de los conflictos.

En efecto, los pies en la tierra, firmemente plantados en el suelo, muestran a una persona que ha tomado a sus padres, anclada en sus raíces y su presente, capaz de afrontar los conflictos y resolverlos.

Piernas y brazos cruzados

A la defensiva.

REPRESENTANTES DE PIE

- El representante del cliente está de pie cuando se ha conectado con la vida, tiene fuerza, está en la vida, independientemente de dónde vaya su mirada.
- Representantes de protectores vivos o muertos.
- Muertos que dejaron algo pendiente durante su vida: un crimen, una culpa.
- Partes de la persona.
- Vivos, de la familia de la persona o no, que tienen algo pendiente o algo en común con la persona. A menudo son simplemente vivos que resuenan con ella y el asunto pendiente se resuelve solo.
- Otras energías como la vida, algo mayor, el holograma cuántico (su ADN cuántico) de la persona, el atractor, etc.

Con los brazos abiertos

Muestra a alguien conectado con la energía, lleno de fuerza, a menudo sintonizado con una energía superior.

Puede tratarse de un protector o del mismo doble cuántico, es decir, el yo realizado de la persona, su holograma cuántico o el atractor (está en la vida, como llamándolo), u otra manifestación de la energía superior.

Subido a una silla

Se trata de un campo de resonancia mórfica que arrastra a la persona o que quiere ayudar a la persona. Al subirse a una silla muestra que está compuesto de la energía de millones de personas que vivieron o viven todas lo mismo que la persona. Suele necesitar ser visto y agradecido.

De puntillas

- Una persona que no está en su lugar, que está identificada con alguien de una generación anterior. Muestra arrogancia, soberbia.
- Un ancestro que necesita ser respetado. Una energía, la vida o el destino que no se sienten respetados.
- Un sistema familiar. Se pone de puntillas para mostrar que representa a cientos de personas.

De pie, esperando

A veces con algún gesto específico: ancestro que dejó algo sin asumir durante su vida. En general se trata de un crimen no asumido.

ESTAR TUMBADO

Un vivo se tumba en el suelo

Está acompañando a un muerto.
Todo vivo que se tumba en el suelo lo hace atraído por un muerto a quien dijo inconscientemente, por amor arcaico y mágico: *«Yo como tú»* o *«Te sigo a la muerte»*. Entonces, para que

se dé cuenta de su decisión, se coloca un muerto a su lado. Cuando el vivo ve al muerto, se da cuenta de que él no está muerto y puede ser suficiente para que se levante.

Si no se levanta suele significar que hay varios muertos a su alrededor y no tendrá permiso de levantarse hasta que no esté representado el último muerto excluido. Si no hay bastantes personas, podemos colocar cojines en lugar de los muertos. Se colocarán lentamente, observando cuándo el vivo empieza a moverse.

A veces, para darse permiso de soltar a los muertos y dirigirse hacia la vida, el vivo necesitará oír una de estas frases: *«Los muertos mueren para que los vivos vivan»*, *«Los muertos necesitan que los vivos vivan»*, *«Aunque ellos estén muertos yo sigo vivo»*, *«Dejo la muerte con los muertos y elijo la vida»*.

Tumbado bocabajo

Los brazos hacia delante suelen indicar honra profunda, postración.

Con los brazos en cualquier otra posición, muestra que se trata de un suicidio. Si se trata de un vivo, este vivo está en una actitud suicida.

Tumbado bocarriba

Los brazos a lo largo del cuerpo, las piernas tendidas y juntas. Se trata de un vivo en la muerte (la mayoría de los vivos suelen pasar años en la muerte, siguiendo su guion) o de un muerto.

Tumbado en postura fetal, o sentado

Es la representación de fetos, de abortos naturales o provocados. Este no nacido necesita ser visto con amor por alguien, aunque no sea de su sistema. Para que este fetito pueda soltar a los vivos y descansar en paz, el cliente podrá pronunciar una de estas frases: *«Te veo», «Te tomo en mi corazón», «Perteneces», «Gracias por haber muerto en mi lugar», «Gracias por haber muerto para que yo viva»*.

Cuando ya ha sido reincluido y está en paz, el feto cierra los ojos, se tumba relajado y se estira lentamente, girando la cabeza hacia la izquierda; conforme más en la vida está el vivo, más relajado y estirado está el feto.

Ancestros tumbados o de pie

- Los ancestros que se presentan en la constelación tumbados en el suelo representan a víctimas que dejaron algo pendiente (sus ganas de venganza, su miedo) al morirse o fueron excluidas en el momento de su muerte, nadie las lloró, nadie las despidió.

- Cuando un ancestro es representado de pie puede ser un protector o un ancestro que dejó algo pendiente durante su vida (no en el momento de su muerte como en el caso anterior); en general se trata de un perpetrador que no asumió su culpa. Personifica a familiares o excluidos todavía mal muertos que necesitan algo de un vivo para poder seguir con su proceso de muerte. Necesitan ser vistos, agradecidos, incluidos o despedidos. Necesitarán oír: «*Gracias por ser mi ancestro*», «*Te amo*», «*Veo tu culpa y la dejo contigo*», «*Todo ha terminado*».

Mientras un muerto permanece con los ojos abiertos y el cuerpo tenso: necesita algo de los vivos y su herencia es una carga. A veces solamente necesita que el vivo se aleje y tome su vida.

Cuando el muerto cierra los ojos, echando la cabeza a un lado, con el cuerpo totalmente relajado, bocarriba, este muerto ya se ha ido, la carga que representaba ha desaparecido, en ese momento todo en él se ha reequilibrado. Su herencia es de la mayor grandeza. Su ADN holográfico, es decir, su yo superior o su yo realizado, se transmite íntegro a los descendientes, sin ninguna «tara», mientras su energía se va libremente a un lugar indefinido.

A veces, cuando el descendiente vivo se dirige hacia la vida con mucha entrega, observamos que el representante de un muerto se levanta, muy ligero, y va como flotando a la vida. Su proceso de muerte se ha consumado. El representante del muerto suele relatar que en ese momento se ha transformado en energía pura que fluye.

Ancestro tumbado con un brazo separado del cuerpo

El brazo separado muestra que este ancestro necesita a otro muerto a su lado. Este brazo está esperando a alguien. Es importante que se coloque un muerto donde el brazo abierto, aunque no sepamos de quién se trate. Puede ser su asesino, una pareja o un bebé muerto. Si no se coloca a nadie, en la vida real, un familiar vivo del cliente seguirá ocupando este lugar, reemplazando al muerto desconocido. Es decir, que el colocar a un muerto libera a un vivo que estaba atrapado en esta intrincación.

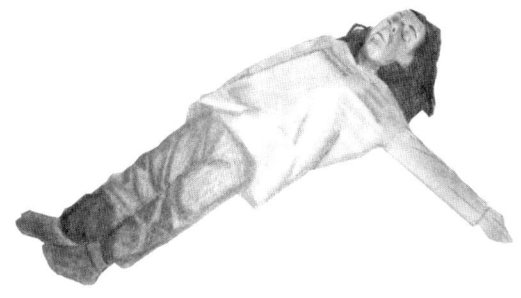

Ancestro tumbado moviendo un pie, una mano, una pierna

El ancestro manifiesta así la necesidad de otro muerto junto a él. El movimiento cesa cuando el muerto al que necesita descansa junto a él. Esta señal del campo es importante; como en el caso anterior, el familiar vivo del cliente que está sustituyendo al muerto ausente se liberará de esta intrincación solo por la representación del muerto que falta.

Antepasada tumbada con las piernas abiertas

Las piernas pueden estar dobladas o tumbadas. Esta postura nos indica una antepasada que murió dando a luz o abortando.

Es necesario representar aquí a ese hijo que suele ser el más olvidado de todos.

Si es un hombre el que se tumba, nos habla de un hombre identificado con una mujer muerta en parto o abortando.

Antepasada tumbada con las manos encima del vientre

Las manos en el vientre muestran la presencia de un feto, es decir, que se trata de una muerta que murió embarazada, y su feto fue el gran excluido. Lo entenderemos cuando un representante se acueste a su lado, con la cabeza encima del vientre de la persona tumbada.

Si la persona muerta es una mujer, nos habla de una mujer muerta embarazada; si es un hombre, muestra a un hombre identificado con una mujer que murió embarazada.

Un muerto tumbado agarrando al vivo

Se trata de un muerto peligroso para el vivo. Este muerto no sabe que está muerto, no tuvo tiempo para prepararse, murió bajo anestesia, en coma o en el acto. Atrapa al vivo para estar con él, no quiere saber nada de la muerte y lo que consigue es que el vivo esté en la muerte con él. No quiere oír hablar de que está muerto, solo quiere sentir un amor vivo a su lado, por lo que encuentra la paz y se entrega a la muerte cuando oye el amor de un vivo que dice: «*Me quedo contigo el tiempo que necesites*».

LOS PIES

Los dedos de los pies están levantados

Cada dedo de los pies representa a alguien de una generación anterior a la de los padres. El dedo levantado muestra la necesidad de hacer presente a un ancestro excluido, con el que la persona está vinculada o intrincada.

Pie izquierdo: rama materna biológica.
Pie derecho: rama paterna biológica.

Dedo gordo: uno de los ancestros directos, abuelo o abuela, bisabuelo o bisabuela, hasta la sexta generación.

Segundo dedo: pareja anterior de uno de los ancestros directos u otra persona que tuvo una relación con uno de los ancestros y quedó algo importante pendiente de esta relación.

Tercer dedo: un familiar de una generación anterior.

Cuarto dedo: un familiar que fue víctima de este ancestro directo.

Quinto dedo: alguien de fuera de la familia que fue excluido.

El pie reposa en el costado externo

El representado está intrincado con un ancestro ajeno a la familia. Este excluido necesita ser visto (*«Te veo y te tomo en mi corazón»*), incluido (*«Perteneces»*) o agradecido. A veces también necesitará ser desidentificado de la persona con *«Tú eres tú, yo soy yo»*.

El pie significa que ese excluido pertenece a una generación anterior a la de los padres. El costado externo habla de padres adoptivos, una amistad, un empleado, un jefe, una prostituta, etc. Alguien con quien un ancestro dejó algo sin terminar, sin agradecer o sin asumir.

Se apoya solo en uno de los pies

Pierna izquierda: madre. Pierna derecha: padre. Puede significar dos cosas opuestas:

- Lo que está ocurriendo pertenece o está vinculado a este progenitor: si se apoya en el pie izquierdo pertenecerá a la madre biológica, si es en el pie derecho pertenecerá al padre biológico.
- Falta uno de los progenitores: si no se apoya en el pie izquierdo, falta la madre biológica; si no se apoya en el pie derecho, falta el padre biológico.

Pies cruzados

- Está atado de pies y manos, preso de la situación, impotente, bloqueado.
- Los padres o los abuelos han invertido sus papeles y lugares. Se reordenan espontáneamente cuando la persona toma incondicionalmente a estos padres o abuelos exactamente como son o como fueron, independientemente de su desorden.

EL ABRAZO

La cabeza en el hombro derecho

- El hombro derecho es el de los pares, de los iguales: hermanos, pareja, compañeros de trabajo. En el abrazo de pareja, ambos ponen la cabeza en el hombro derecho de su pareja.
- Cuando un progenitor coloca a su criatura en su parte derecha, la desordena, la hace reemplazar a alguien de la generación de ese progenitor (a una hermana muerta del

progenitor, a una pareja anterior); el bebé no encuentra ahí seguridad, se le exige demasiado, no puede relajarse; lo desordenan, le hacen sentirse huérfano y obligado a cumplir con esa exigencia del adulto.
- Dolor en el hombro derecho indica sentimiento de culpa hacia un igual: hacia la pareja, un hermano o un compañero: *«Asumo mi responsabilidad, asumo el daño que te hice»*.

La cabeza en el hombro izquierdo de la otra persona

- Desde los años veinte del siglo pasado, el Dr. Winnicott[1] sabía reconocer a una buena madre: es la que lleva a su bebé con el brazo izquierdo o lo carga en su hombro izquierdo. Ahí donde la criatura encuentra la mayor seguridad.

  El hombro izquierdo es el de la filiación. Los que se abrazan poniendo la cabeza en el hombro izquierdo revelan así que entre ellos hay una diferencia de generación. El hijo que se apoya en el hombro izquierdo de uno de sus padres se siente seguro y en su lugar de hijo.
- Una pareja diestra que abraza a su cónyuge por el hombro izquierdo muestra que tienen una relación de padre a hija o madre a hijo.

---

[1] Dr. Winnicott (1896-1971), famoso pediatra, psiquiatra y psicoanalista inglés con interesante bibliografía.

No se trata de un abrazo de amor, por tener corazón con corazón, como se suele interpretar, sino que se trata de un abrazo de dependencia, en el que uno busca protección y el otro ofrece esta protección.

- Dolor en el hombro izquierdo indica sentimiento de culpa como progenitor, independientemente de su sexo, sentimiento de no haber estado a la altura como progenitor. La fase será: «*Asumo el daño que hice como madre o padre*».

A veces una persona sin hijos sufre ese dolor, su frase entonces será: «*Madre, o padre, te devuelvo tu sentimiento de culpa como madre o como padre*».

2. La mirada de los representantes

La primera información fenomenológica captada por Bert Hellinger fue el significado de la mirada al suelo: el representante está mirando a un excluido muerto alrededor del cual toda la familia está atrapada, señalando esta exclusión con su intrincación. Bert se dio cuenta de que, al representar al muerto, la constelación inicia nuevos movimientos. De donde entendió que la representación de todos los excluidos e invisibles permite desbloquear la vida de los vivos, creando movimientos de reconciliación entre personas separadas que a su vez crean sanación.

Gracias a la mirada de cada representante, el campo revela quiénes faltan y con quiénes cada represente tiene algo pendiente. Los representantes están siempre mirando a alguien, a alguien en el suelo, sentado o de pie, cerca o lejos. Y la energía se apoderará de los presentes para que representen a los invisibles señalados por la mirada de los representantes.

Mirar al suelo

Cuando alguien mira al suelo está mostrando que tiene un vínculo con un muerto, que inconscientemente ve a un muerto, que está atraído por un muerto, incluso que le sigue en la muerte. Es importante representar a ese muerto para recibir su información, pues el muerto puede estar aferrado al vivo, puede estar mirando a otro muerto, o puede manifestar cualquier tipo de malestar. Si el grupo es poco numeroso y el constelador necesita a más representantes, se puede sustituir al muerto por un objeto una vez que este muerto tenga los ojos cerrados.

En un ejercicio en el que tenemos a la persona frente a su destino, o frente a cualquier otra abstracción, si es la persona la que mira a un muerto, significa que esta persona necesita soltar a ese muerto, mientras que si es el representante del destino o de la abstracción el que mira al muerto, significa que la persona no ha integrado a ese excluido en su vida y necesita verlo con amor.

Mirar a la horizontal

El representante que mira algo a la horizontal está viendo a alguien que está de pie.

- Si está cerca, muestra un vínculo con alguien vivo con quien algo quedó pendiente. Puede haber la necesidad de una frase como *«Tú eres tú, yo soy yo»*, *«Te sigo en la exclusión»*, *«Gracias»*, etc.
- Si mira a lo lejos, muestra un ancestro, muerto, que necesita que le honre con amor y le deje ir.

Mirar hacia la vida, ligeramente por encima del horizonte

Estar conectado con la energía cósmica.

Mirar algo a una cierta altura, con un ángulo de 45 grados con la horizontal

La persona está captada por un campo de resonancia mórfica. Está fascinada por la imitación instintiva de ese campo mórfico que le impide ver y pertenecer a la realidad.

Es muy útil poner a alguien ahí donde esté mirando el representante del cliente, para representar este campo mórfico.

El nuevo representante se sube a una silla para captar la mirada de la otra persona. Rápidamente, el que está subido en la silla va a experimentar en su cuerpo sensaciones que informarán sobre el campo y sobre lo que está imitando el cliente.

Por ejemplo, puede sentir ira, cansancio o indiferencia, y sus sensaciones evolucionarán conforme el cliente reconozca estas emociones, las agradezca y las honre.

Suele tratarse de un campo limitante que puede deshacerse o transmutarse. Algunas veces, se tratará de un campo posibilitador; en ese caso, la información para el cliente es que, mientras esté fascinado por este campo, por muy posibilitador que sea, no conecta con la realidad, está alejado del adulto presente.

Mirar hacia arriba

Esta persona se entrega a una creencia que le impide ver y estar en la realidad.

La postura nos indica que la persona es incapaz de ver la realidad mientras siga fiel a esta creencia.

Es importante recordar que uno decide adherirse a una creencia, nadie se la impone. En un momento de crisis, el Estado Niño decide reducir la dificultad elaborando una creencia que justifique su incapacidad para adaptarse. Por ejemplo, en una dificultad de relación, la persona decide: *«La pareja no es para mí»* o *«Todos los… son siempre así»*.

Si mira justo encima de ella, la persona se deja fascinar por esa creencia que ella misma eligió. Si mira arriba hacia atrás, es que sigue la creencia de padres o ancestros.

Puede ser procedente hacer que alguien represente esa creencia, por un lado para evitar el dolor de cuello del que mira hacia arriba, y por otro lado para tener más información y trabajar con esa información.

Mirar el pasado, mirar a lo lejos

- No está en su autonomía ni en el presente, está atrapado por las fidelidades, atraído por alguien del pasado, por un excluido muerto, está intrincado con él, quizás desea morirse.
- Puede ser simplemente una despedida al pasado, un reconocimiento de todo lo que hubo.

Mirar afuera del círculo, a un lateral

La persona está atraída por un excluido, posiblemente vivo, externo a su familia. La frase liberadora puede ser *«Tomo tu exclusión en mi corazón»*.

Mirar solo a uno de los padres

El hijo que mira únicamente a uno de los padres no ha tomado a sus padres. Mira al progenitor con quien tiene una relación privilegiada por reemplazar a un olvidado o excluido que perteneció a la vida de este progenitor: hermano muerto del progenitor, primera pareja. Este hijo, al ser sustituto de alguien, busca el contacto directo del progenitor, con los sentimientos de ese alguien, y el progenitor no tiene ojos más que para él, no reconoce a su hijo como hijo y no ve a su cónyuge.

Hacer aparecer al sustituido ausente permite resolver la intrincación. Algunas de estas frases pueden ser necesarias: *«Gracias por haber dejado sitio»*, *«Yo solo soy tu hijo o tu hija»*.

Desviar la mirada

Uno desvía la mirada de lo que tendría que asumir. Cuando uno se gira para dar la espalda a alguien que sufre o está muerto, es por culpabilidad o porque no consigue asumir el dolor o el horror de lo que hay.

A veces parece que el representante está mirando al suelo, o algo concreto. Es importante comprender que está evitando mirar algo.

3. Movimientos

Dar vueltas en círculo

- En el sentido de las agujas del reloj: sanación, liberación.
- En el sentido contrario de las agujas del reloj: expiar por una culpa colectiva, por un sentimiento de culpa o por una culpa real no asumida por varias personas.

Ejemplo de sentimiento colectivo de culpa: los supervivientes de un terremoto se sienten en deuda hacia los muertos y el descendiente de uno de ellos puede estar expiando por todos. Lo que faltó aquí es el agradecimiento a la vida que les dio una segunda oportunidad o a los muertos *«por haber muerto para que los demás sobrevivieran»*.

Habrá que poder distinguir entre culpa de los responsables de una tragedia y sentimiento de culpa de los que sobreviven a esa tragedia.

«Os veo, os honro, veo vuestro dolor y vuestra responsabilidad, veo el daño». «Todo ha terminado». «Ya está todo pagado». «Vosotros por vosotros y yo por mí».

Anda hacia el pasado

Se entrega a una intrincación, va hacia la muerte, diciendo internamente: *«Yo por ti»*. Es importante hacer aparecer al ancestro que le atrae hacia la muerte y quizás decir las frases *«Tú por ti»*, *«Te amo»*.

Anda hacia la vida

La persona ha decidido ir hacia la vida, vivir su presente tal y como se le presenta.

Representa la máxima fuerza de la persona, la entrega a la vida, sin miedo ni reticencias.

Avanzar de espaldas

Está en una etapa en la que todavía sigue atrapado por el pasado, por un trauma o una intrincación, y a la vez ha decidido rendirse a la vida como es.

Bostezo

- Manifestación de resistencia, de deseo de escapar de la situación.
- Rabia contenida que se libera.

4. Gestos

Puños cerrados

Energía asesina de venganza, provocada por un abuso de poder, una injusticia grave, un gran sufrimiento. Uno puede vengarse de algo que le hicieron o estar vengando a una víctima del pasado.

La energía asesina suele dar paso al dolor cuando el cliente puede decir: «*Veo tu dolor*».

Rigidez en manos y brazos

Energía asesina por imitación, no por venganza.

Señalar algo con un dedo

Se trata de una acusación. El dedo quiere mostrar a un perpetrador o a una víctima. Suele acusar al que muestra. Sin embargo, la necesidad de acusar revela que el que acusa es otro perpetrador que quiere distraer la atención.

Taparse los ojos o la boca

Estos gestos muestran un crimen secreto, un daño secreto, que el perpetrador no asumió, y en el que la víctima no fue vista ni llorada.

El perpetrador no se atrevió a mirar el daño que había hecho o no se atrevió a comunicarlo a quien se lo tenía que haber dicho.

Este secreto pertenece a la intimidad de los ancestros, no tenemos permiso para investigar sobre ellos. Si un secreto aparece en la constelación, es para que sepamos que el descendiente está viviendo la compensación de un gran dolor y de una culpa no asumida, que necesitan ser vistos con amor y respeto.

Pueden ayudar algunas de estas frases: «*Gracias por ser mis ancestros, dejo el secreto con ustedes*», «*Veo el daño y el dolor y los dejo con ustedes*», «*Todo terminó, descansen en paz*», «*Honro su secreto*», «*Os amo*».

Taparse los oídos

No soportó oír algo o no aguantó el silencio de alguien.

Brazos cruzados

El campo necesita oír la palabra *«gracias»*.
Suele ser la persona que cruza los brazos la que no quiere agradecer algo y necesita pronunciar *«gracias»*.

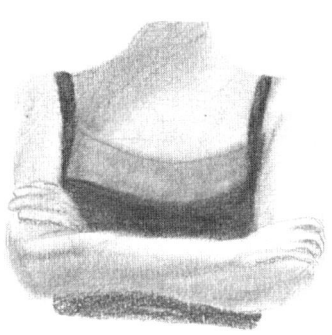

Manos juntas delante

Con las manos uno da y recibe, uno hace algo para los demás.

Aquí, la persona tiene las manos inmovilizadas, no puede hacer nada por los demás. Muestra que alguien más pequeño le está faltando al respeto y la bloquea. En cuanto el otro le muestre respeto, sus manos se separarán y podrá utilizarlas de nuevo para acoger a ese pequeño.

Se suele llamar egoísta a una persona mayor que no se entrega a alguien más pequeño. En cuanto ese pequeño respete a esa persona mayor, esta persona se transformará en la persona más amorosa del mundo.

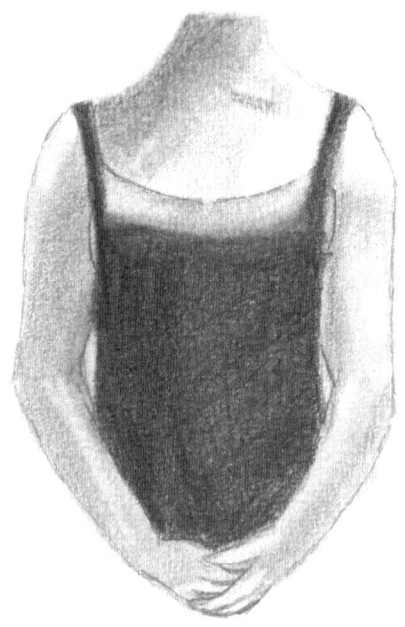

Manos escondidas en los bolsillos o detrás de la espalda

- La persona está ocultando su responsabilidad, no asume lo que ha hecho con sus manos, no quiere que se sepa: robo, mentira, engaño, manipulación…
- Las manos detrás de la espalda a veces significan otra cosa: con las manos damos y recibimos. Un niño que no fue atendido con amor en su infancia, que no recibió, no sabe ni dar ni recibir. No sabe qué hacer con sus manos y las esconde detrás de su espalda. Cuando un representante está en esta postura significa que está buscando a un padre o a una madre, a alguien que le dé, anunciando que él no sabrá devolver. En una pareja esta postura revela una intención secreta de dependencia total.

Cruzar las muñecas

- Uno está esposado, bloqueado, impotente, paralizado. Además, estará el significado de la posición de las manos, con puños o no.
- La derecha representa el presente, lo masculino o el padre; la izquierda representa el pasado, lo femenino o la madre.

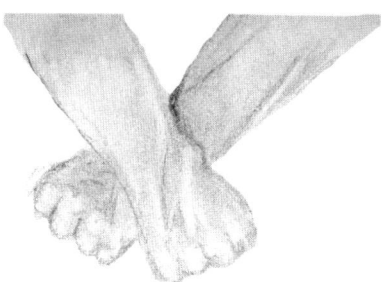

Si la mano izquierda está por encima de la mano derecha, el constelador testará si se trata del pasado impidiendo que el presente se realice o lo femenino bloqueando lo masculino, o la madre bloqueando al padre.

Si la mano derecha está encima de la mano izquierda, con su guía sabrá si se trata de presente/pasado, masculino/femenino o padre/madre. El que está encima, impide o condiciona el desarrollo del que está debajo.

Una mano agarra el otro brazo

Cada brazo aquí suele representar a uno de los progenitores: el brazo izquierdo a la madre y el brazo derecho al padre.

Ejemplo: el brazo izquierdo esgrime un puño cerrado, lleno de energía de venganza, y la mano derecha agarra el brazo izquierdo: la energía asesina de la madre es controlada por el padre, la presencia del padre impide que la madre actúe.

MOVIMIENTO DE LOS DEDOS

Cada dedo representa a alguien. Estirar un dedo o hacer pinza entre dos dedos indican que falta alguien en la constelación.

Cuando se unen el pulgar y otro dedo, el pulgar representa a la persona y el otro dedo muestra con quién esta persona tiene algo pendiente. Entonces es preciso añadir a alguien en la constelación y el asunto pendiente se va resolviendo.

En general, el campo nos dice así que falta el personaje señalado por el dedo pegado al pulgar, y al introducirlo se puede avanzar un nuevo paso. A veces simplemente nos señala el tipo de relación que hay que sanar entre el representante y otra persona que ya está presente.

Mano izquierda

El pulgar representa sobre todo al mismo representante en su relación con la madre o con el pasado, a veces representa a la madre o al pasado. En estos últimos casos, nos dice que hace falta representar lo que nos muestra para terminar algo pendiente.

Cuando el dedo gordo hace pinza con otro dedo, significa que el cliente, la persona representada, tiene algo pendiente con alguien de la familia. Ese alguien será representado por los otros cuatro dedos.

Pulgar con índice: falta uno de los progenitores

El representado tiene algo pendiente con uno de sus progenitores y es necesario introducir a ese progenitor en el campo.

Aunque no se sepa de cuál se trata, la introducción de un representante del padre o de la madre permite que desaparezca este gesto.

Veremos que algo importante se desarrollará en la constelación a partir del momento en el que aparece el progenitor.

Pulgar con corazón: falta una pareja anterior o un amante de uno de los progenitores

El representado está identificado con la antigua pareja de uno de sus padres. Se trata de una pareja, aunque muy breve, anterior al nacimiento de la persona. Alguien que hizo sitio para que existiera la persona.

Se introduce un representante de una pareja anterior, sin saber si es de la madre o del padre.

Suele ayudar que el cliente diga a ese representante: «*Gracias por haber dejado libre el sitio para mi progenitor y para mí*», «*Tú eres tú, yo soy yo*», «*Yo solo soy el hijo/la hija de mis padres*».

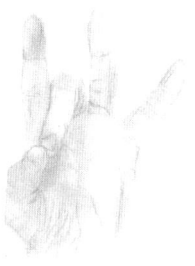

Pulgar con anular: falta un hijo de los progenitores

- El representado tiene algo pendiente en su calidad de hijo. Puede que no haya tomado a sus padres o que uno de sus progenitores no lo haya reconocido como hijo.
- El representado tiene algo pendiente con un hermano, hermano desconocido, excluido, o un hermano que no esté en su lugar de hijo.

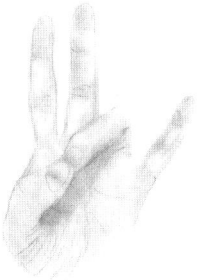

Pulgar con meñique: falta una persona externa a la familia nuclear de origen

El representado tiene algo pendiente con una persona externa a la familia nuclear de origen. Puede tratarse de un hermano, de un primo, de un tío o de una persona exterior a la familia: compañero, trabajador, alguien con quien algo queda pendiente.

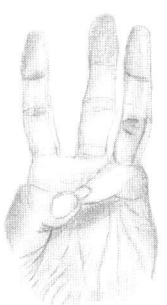

Mano derecha

El pulgar representa principalmente al cliente en relación con su padre, con la rama paterna o con el presente. A veces representará al padre o al presente.

Cuando el dedo gordo hace pinza con otro dedo, entonces significa que el cliente, la persona representada, tiene algo pendiente con alguien de la familia. Ese alguien será representado por los otros cuatro dedos.

Pulgar con índice: falta la pareja actual del representante que hace el gesto

Esto significa que el conflicto actual del representado es con su pareja, y que es necesario introducir un representante para esta pareja.

A veces, se trata de la pareja simbólica: el trabajo, un compromiso vital, la pertenencia a una comunidad religiosa o política que exige exclusividad.

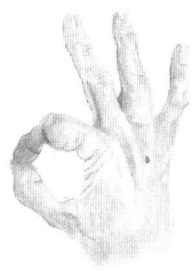

Pulgar con corazón: falta una pareja anterior o un amante del representante

El representado tiene algo pendiente con su primera pareja, con una pareja anterior o un amante.

Al representar a este ausente, algo se podrá plantear y resolver.

Pulgar con anular: falta un hijo del representante

El representado tiene algo pendiente con un hijo. Necesita tomarlo, o soltarlo.
Si no tiene hijos, necesita asumir su frustración.

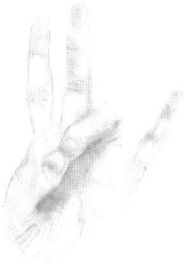

Pulgar con meñique: falta una persona externa a la familia nuclear actual

El representado necesita resolver algo con un familiar o con una persona exterior a la familia actual. La constelación pide la presencia de esta persona para que se realice una liberación para ambos.

Movimientos de dedos sueltos

Levantar el pulgar izquierdo: el pulgar muestra la necesidad de representar a la madre del representado o a él mismo, o, menos frecuentemente, a una mujer.

Levantar el pulgar derecho: aquí el campo muestra que falta el padre del representado, él mismo o, menos frecuentemente, un hombre.

Extender el índice

- Acusar a un perpetrador

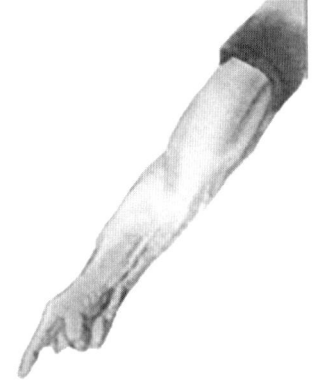

Con la mano izquierda: se trata de mostrar a una víctima o de acusar a un perpetrador de la familia de origen.

El que acusa es también un perpetrador que quiere distraer la atención sobre otro crimen en lugar de asumir el suyo.

Con la mano derecha: lo mismo pero relativo a la familia actual del representante (acusando a una pareja, un hijo o un vecino).

Lo que puede variar es la generación representada por el dedo. Aquí será necesario chequear a qué generación pertenece este acusador.

- Índice levantado

La persona muestra una obligación a otros. Es una actitud normativa.

5. Sensaciones[2]

NOCIONES GENERALES

Parte derecha del cuerpo

La parte derecha del cuerpo es dirigida por el hemisferio izquierdo del córtex cerebral.

- Muestra el presente.
- Algo relativo a lo masculino.
- Algo perteneciente al padre o a la rama paterna.
- Algo relativo al tiempo, al análisis de detalles, al lenguaje secuencial, la semántica, el cálculo y las matemáticas, lo conocido.

---

[2] Véase Brigitte Champetier de Ribes: *Constelar la enfermedad desde las comprensiones de Hellinger y Hamer,* Gaia Ediciones, 2011.

Parte izquierda del cuerpo

- La parte izquierda del cuerpo es dirigida por el hemisferio derecho del córtex cerebral.
- Algo del pasado que necesita ser visto, agradecido o despedido.
- Algo relativo a lo femenino.
- Perteneciente a la madre o a la rama materna.
- Algo relativo al espacio, a la visión global, a las intenciones, la melodía, lo nuevo.

Huesos

El hueso representa la estructura básica necesaria del esqueleto.

El dolor en un hueso muestra un grave conflicto de desvalorización.

Músculos

Un bloqueo o dolor en un músculo muestra un conflicto relativo a la movilidad; suele ser provocado por el miedo de no poder huir ni atacar.

Desvalorización que impide ir o hacer lo que este músculo debería hacer.

Mucosas

Molestias, dolor o disfunción en las mucosas muestra miedo a una separación.

Nervios

Los nervios llevan el proyecto de vida. La incapacidad de llevar a cabo el proyecto de vida será revelada por dolor en los nervios.

SENSACIONES EN ÓRGANOS

Brazo derecho

Tiene que ver con la vida actual, con la familia actual o las relaciones actuales de la persona («actual» significa que pertenece a su vida de adulto). Tiene que ver con la vida de pareja o de trabajo, con los iguales, los pares: parejas, hermanos, relaciones de trabajo, etc.

A veces significa relación con lo masculino, con un hombre, con el padre o la rama paterna.

- Peso en el brazo: expiación, no poder realizarse como castigo, o por bloqueo en la realización actual. La persona se dice: «*Asumo mi incapacidad para realizarme*», o bien dice a alguien, a un ancestro: «*Llevo tu incapacidad para la pareja, o para el trabajo*».
- Sensación en la mano derecha: habla de algo de hoy, trabajo o pareja.

- Tensión, rigidez en brazo y mano, con o sin puño cerrado: energía asesina hacia el presente, lo masculino, la pareja, el padre. Perpetrador. La frase liberadora puede ser: *«Quiero matar»*.

Brazo izquierdo

Muestra el pasado familiar o la infancia de la persona. Es el brazo de la filiación, de la relación de la persona con sus padres u otros ancestros. A veces significa lo femenino, la madre o la rama materna.

- Dolor en el brazo: el brazo representa toda la vida de la persona y el lugar del dolor indica cuándo ocurrió algo que todavía duele. Junto al hombro está el nacimiento; al otro extremo, en la mano, está el presente.
- Mano izquierda: muestra la realización de la persona hoy como miembro de su familia de origen o como progenitora de una nueva familia.
- Peso en el brazo: *«Llevo tu incapacidad para la familia»*, o bien: *«Asumo mi incapacidad para la familia»*.
- Tensión, rigidez en brazo y mano, con o sin puño cerrado: energía asesina dirigida a un familiar o a la madre o a lo femenino: *«Quiero matarte»*.

Bronquios

Dolor en la zona de los bronquios o dificultad para respirar: peligro, miedo, amenaza en el territorio. *«Me abro a lo nuevo»*.

- Bronquio derecho: referido al territorio afectivo de uno mismo hoy o relativo a los pares (pareja, hermanos, etc.). *«Asumo mi miedo», «Yo puedo con esto», «Me abro al cambio»*.
- Bronquio izquierdo: el miedo domina, miedo a la pérdida del nido, pérdida de los hijos, o de la infancia. *«Esto ya terminó», «Me despido del pasado»*.

Cabeza

- Dolor en alguna parte de la cabeza: rechazo vital de algo o alguien. *«No quiero quererte», «No quiero»*. A un ancestro: *«Te devuelvo tu rechazo»*.

 A menudo desaparece el dolor de cabeza haciendo que toque o que mire a alguien o que respire hacia alguien con quien todavía no se había reconciliado del todo; el amor fluye a través del tocar, mirar y respirar.
- Calor en la cabeza: *«Me siento culpable»* (se cree culpable de algo que fue inevitable). *«Asiento a lo que pasó, fue el destino»*.
- Dolor en el cráneo: desvalorización intelectual.

Caderas, cuello del fémur

- Cojera, molestias o dolor en la cadera derecha: enfrentamiento en el que la persona tiene que ceder ante alguien más joven. Dice a alguien de su entorno actual: *«Eres más fuerte que yo»*.
- Cadera izquierda: a alguien de su familia o de su pasado: *«Tú puedes más que yo»*.

Calor

- Calor agradable: la vida o el amor están fluyendo de nuevo.
- Calor intenso y excesivo por el cuerpo, acompañado o no de sudoración: culpa por un daño que hizo, o sentimiento de culpa por algo de lo que se cree responsable. Habrá que combinar el calor con el lugar donde se manifiesta:
  — Calor en las manos: culpa por un daño que la misma persona hizo. «*Asumo el daño que he hecho*». «*Ahora me doy cuenta, asumo las consecuencias de mis actos*». «*Lo hice yo*». «*Es lo que hay*».
  — Calor en la cabeza: creerse culpable. «*Así fue*», «*Así tuvo que ser*».
  — Calor en la planta de los pies: culpa heredada de ancestros. «*Gracias por ser mis ancestros, veo vuestro dolor, todo terminó, la culpa también*».

Cosquilleo

La energía vuelve a circular por la zona donde se experimenta el cosquilleo. Señal de gran sanación.

Costilla

El dolor en una costilla muestra miedo a querer, frustración, desvalorización afectiva, decepción. Relativo a una mujer si se trata de la parte izquierda, relativo a un hombre si es de la parte derecha.

Cóccix

Zona de la base de la personalidad. El fundamento de las creencias, valores, estabilidad, rectitud e identidad de la persona, unido a un matiz sexual.

Cuello, cervicales

- Dolor en el cuello: injusticia, impotencia, gran peso.
  El dolor cuando dobla el cuello muestra la impotencia por tener que bajar la cabeza, que dimitir; vergüenza. Ha sufrido una injusticia, humillación escolar, abuso de poder por la jerarquía. Desvalorización moral (por querer la paz, la libertad, etc.).
  Para defenderse, la persona se vuelve rígida como sus agresores en vez de actuar. Su rigidez consiste en aceptar solo su propio punto de vista, para sobrevivir a algo muy duro. Evita evocar el pasado o el futuro.
  «Asumo, es así», «Asumo mi impotencia», «Asumo mi dureza», «Yo como vosotros».
  Inclinándose ante todos sus ancestros, puede decir: *«Honro la dureza de vuestra suerte».*
- Parte derecha del cuello dolorosa: un hombre le hizo daño y todavía no lo ha asimilado: *«Fuiste muy duro conmigo».* El presente está siendo muy duro: *«Me rindo a la dureza de lo que me toca».*
- Parte izquierda del cuello dolorosa: le dice a una mujer: *«Tomo en mi corazón la dureza de tu vida».* O bien: *«Fuiste muy dura conmigo».*

- Cervicales altas (C1, C2, C3): la persona está rumiando su situación, quisiera ser otra. Se impone normas rígidas y excesivas para compensar su complejo y aparentar no sufrir de humillación.
- Cervicales medias (C4, C5, C6): ira, culpabilidad, autocastigo; miedo a decir; llevar la carga.
- Cervicales bajas (C7): injusticia o sumisión. Uno siente que le obligan a doblar la cabeza, se siente como el que le obliga.

Diafragma

Bloqueo, dificultad para respirar: seguir a alguien en la muerte.

Encías

Las encías sostienen dientes y muelas. Cuando la persona se enfrenta al dilema de seguir sosteniendo a alguien al precio de su autonomía siente dolor, molestias en las encías. *«Como tú, ya no quiero sostener más»*. O bien: *«Tomo mi autonomía con amor»*.

Espalda

La espalda muestra el vínculo con los ancestros, con el pasado, con el sistema familiar.

- Dolor en la espalda muestra que faltó honrar a alguien; para sobrevivir a algo muy duro que atrapó a la persona

en la muerte, la reacción de supervivencia fue de sentirse más grande que lo que pasó. El primer paso de liberación será doblar la espalda, honrar a este pasado.
- Dorsales: lo afectivo.

    «*Asumo las obligaciones por ti*». «*Te devuelvo tus obligaciones, no me corresponden*». «*Tú por ti, yo por mí*». Un trauma de la adolescencia que se resolvió sintiéndose superior al progenitor que marcaba la obligación.
- Lumbares: lo que asienta.

    Lo que nos hace mantenernos erectos: pilar de nuestra personalidad. Lo que de nuestra personalidad debe mantenerse en pie: «*Ya no puedo más, es un peso demasiado gordo, pero sin mí la familia se derrumba*».

    Desvalorización central y global de la personalidad (referida al trabajo o a la familia en general, a la identidad sexual).

    Gran conflicto: no poder aguantar más de pie.

    Sentirse incompetente en su virilidad, o en el trabajo.
- L2, L3: centro de gravedad del cuerpo. Desvalorización con respecto a un acontecimiento que ha afectado a la persona en lo que tiene de fundamental.
- L4: patología de la próstata por conflicto de gran desvalorización sexual, conflicto familiar. Gran debilidad, rigidez.
- L5-S1: desvalorización en su identidad sexuada con respecto a su entorno. Conflicto muy feo, o sexual, de desvalorización: «*No tengo permiso para disfrutar*», «*No valgo como pareja*». Golpe bajo, traición. Lumbago: frustración sexual.

    Otro aspecto: lleva la carga de su sistema familiar y es un peso excesivo: «*Es demasiado para mí*».

Estómago

Refleja el territorio de la persona y los conflictos relativos al territorio. Enfado, miedo o culpa relativos al territorio. Sobre todo muestra contrariedad, enfado por algo que ocurrió en su territorio.

- Problemas de orden: «*Tú eres el grande, yo la pequeña*».
- Contrariedad en el territorio, contrariedades familiares, disgusto familiar, de pareja: «*Estoy enfadado con...*», «*No me respetaron*».
- Culpa: «*Asumo el daño que he hecho*».
- Miedo: «*Te tengo miedo*», «*Asumo mi miedo*».

Frío

Estar atraído por un muerto, desear morir, intrincación sistémica con un muerto. «*Te sigo en la muerte*». «*Aunque tú estés muerto, yo sigo con vida*». «*Dejo la muerte contigo*».

Garganta

En la garganta pasa lo que se traga o lo que se va a decir. Se queda, y molesta, lo que no conseguimos tragar, lo que no nos atrevemos a decir o lo que nos da miedo y nos bloquea. Deja de molestar en cuanto la persona se da cuenta y empieza a aceptar lo que no consigue aceptar o se atreve a decir lo que no decía o asume su miedo.

Dolor, molestia en la garganta o tos nos hablarán entonces de algo que se atragantó o de algo no dicho, por culpa, miedo o secreto.

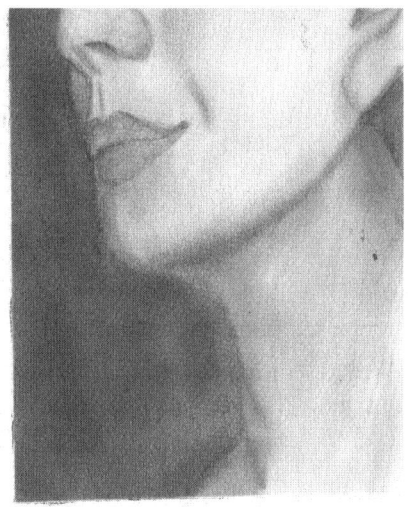

La frase liberadora será *«Asumo mi culpa»*, o *«Asumo mi miedo»*, o *«Asumo mi secreto»*.

Picor con ganas de toser: una culpa vergonzante no reconocida, silenciada, algo no dicho, un secreto vergonzante. Frecuentemente trata de un aborto secreto de cualquier generación. *«Tomo la vergüenza de tu secreto en mi corazón»*.

Hígado

Carencia básica, sensación de faltar lo mínimo necesario para vivir. Movimiento interrumpido, pérdida temprana de los padres. Miedo a morir de hambre, o que sus allegados mueran de hambre.

El hígado es la sede de las emociones, el almacén de la ira. Cuando el corazón no puede asumir el conflicto, el hígado toma el relevo: la energía de la ira permite sobrevivir a un trauma devastador.

«Estoy muy enfadado, te necesito tanto». «No puedo sobrevivir sin…».

Hombro derecho

- Sentimiento de culpa o sensación de no estar a la altura con respecto a alguien de la misma generación; sentirse mal esposo, mal trabajador, mal estudiante.

«Asumo el daño que te he hecho».
«Asumo mi parte de responsabilidad en nuestro conflicto», «Asumo sentirme mala compañera, mal compañero, mala hermana, mal hermano», etc.
«Asumo no estar a la altura de tu amor».

- Dolor en la articulación de acromion con clavícula: «¿*Cómo reorganizo mi vida?*».

Hombro izquierdo

«*Me siento mal padre o mala madre*», «*No estoy a la altura como madre o como padre*».

Si no tiene hijos será que ha tomado el sentimiento de culpa de su padre o de su madre: «*Llevo tu sentimiento de culpa como mala madre o mal padre*». «*Tú por ti, yo por mí*».

Ambos hombros

Peso o dolor en la parte alta de la espalda y en los hombros; dice a sus ancestros: «*Honro vuestra carga*», «*Tomo vuestra carga en mi corazón*».

Intestinos

Los intestinos fueron el primer cerebro, donde se origina la supervivencia: el miedo, el ataque o la venganza. Ahí se localizará también la culpa de la expiación.

- Molestia o dolor en la zona intestinal: muestra un antiguo trauma sin integrar o una intrincación con un crimen de otra generación, ya sea la intrincación con el perpetrador o con su víctima.

Tiene que ver con un gran daño, una «guarrada», algo que no se puede perdonar. *«Todo terminó, la tortura (la humillación, la culpa) también». «Tomo tu expiación en mi corazón». «Asumo el daño que te he hecho»*.
- Vientre hinchado: conflicto entre lo que se desea y la realidad. O bien inicio de asimilación de una situación humillante que permanecía bloqueada.

Mama derecha

Dolor, presión o tumor en esa mama: querer hacer de madre con un adulto, la pareja, un hermano, un compañero; retenerlo bajo su ala.

Mama izquierda

Dolor o tumores en la mama izquierda: conflicto del nido, conflicto en la relación madre-hijos: no poder proteger al hijo o no poder retenerlo bajo su ala, sentimiento de mala madre, quiere ser mejor madre que su propia madre.

Mandíbula

Molestia, dolor: muestra rabia reprimida o miedo. No dijo lo que tenía que haber dicho. *«Asumo mi impotencia, mi ira contenida». «Tomo tu impotencia, tu ira contenida, en mi corazón»*. O bien, cerrando los ojos, grita internamente el NO que no se atrevió a decir, unos instantes antes de empezar a tener ese dolor.

Mano

Las manos sirven para hacer, para actuar. Tienen que ver con el quehacer presente, la realización, la prosperidad, con dar y recibir.
Mano rígida: «*Quiero matar*», «*Mato*».

Mano derecha

Habla de la realización actual, realización en la pareja o en el trabajo.
Mano derecha pesada o entumecida: *«Asumo mi incapacidad para la pareja, o para el trabajo».*

Mano izquierda

Realización familiar como hijo o progenitor.
Mano izquierda pesada o entumecida: *«Asumo mi incapacidad como madre o padre».*

Mareo, vueltas o vértigos en la cabeza

Cambios en las neuronas cerebrales, cambios de creencias, señal de cambio profundo.

Náuseas, ganas de vomitar

Manifestación de un abuso de poder, de un trauma, de algo que no fue posible digerir. Puede ser propio o heredado tanto de una víctima como de un perpetrador.

Oído

Dolor en el oído interno: el dolor es producido por algo que se acaba de escuchar, o que recuerda haber escuchado.

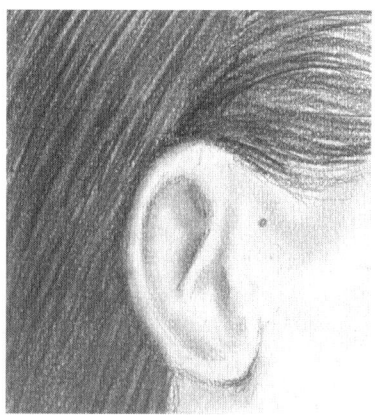

«*No quiero oírte*».
Dolor en el oído medio: faltó escuchar algo.
«*Me duele tu silencio*».
«*Te tomo tal y como eres, aunque no me puedas decir que…, aunque nunca me hayas dicho que me querías*», etc.

Ojos

Dolor o molestia: hay algo que es mejor no ver, que es mejor ocultar: *«Ahora te veo»*. O bien: *«Como tú, no quiero verle»*.
Picor: *«Me da vergüenza ver, mirarlo»*.

Ojo derecho

Memoriza, compara las caras, mira a los amigos. Se vincula con los hijos, los familiares, la identidad propia: es mi hijo, soy el padre. Es el ojo de la identidad, del agradecimiento, de la afectividad.
Dolor: hay un peligro cercano. *«Me duele ver algo de hoy»*.

Ojo izquierdo

Dirige el movimiento, mira a los enemigos, ve lejos para disparar. Es el ojo de la defensa, del peligro.
Dolor: hay un peligro lejano. No querer ver algo del pasado, o algo de una mujer.

Omoplato

Derecho: *«Asumo mi impotencia»*.
Izquierdo: *«Asumo mi vergüenza»*.

Ovario

Pérdida de un ser querido muy cercano, pérdida de la posibilidad de tener más hijos.
Ovario derecho, dolor: *«Respeto tu sexualidad masculina»*.
Ovario izquierdo, dolor: *«Soy una mujer como tú. Asumo mi sexualidad de mujer»*.

Párpados

Necesidad de proteger los ojos y lo que contienen.

Pecho, corazón

Molestias o dolor: dolor de amor, tristeza. *«Veo tu dolor»*, *«El dolor ya terminó»*.

Picores

Vergüenza profunda, no siempre sexual. Importa ver a qué parte del cuerpo están asociados los picores. Si es en la cabeza, se tratará de creencias, cree que ha hecho algo vergonzoso. Si es en el brazo izquierdo, puede ser que su infancia, o algo de su infancia, le dé vergüenza. Si es en una mano, muestra que ha hecho algo que le da vergüenza. En zonas genitales, habla de abusos, tanto en el perpetrador como en la víctima.

«Tomo tu vergüenza en mi corazón». O bien: *«Asumo mi propia vergüenza»*.

Pie

- Muestra un vínculo con ancestros. Pie derecho: rama paterna. Pie izquierdo: rama materna. Los dedos gordos de los pies representan a los ancestros de línea directa (abuelos, bisabuelos, tatarabuelos), y los demás dedos, a otros ancestros lejanos, hermanos, amantes, víctimas o verdugos de los de línea directa.
  Tocar el pie de alguien significa: *«Tengo las mismas raíces que tú»*, *«Os pertenezco»*.
- Representa el movimiento actual de la persona. Pie derecho: toma el presente, avanza hacia el futuro. Pie izquierdo: suelta el pasado.

Piernas

- Relación con la familia. Pierna derecha: relación con el padre, la rama paterna o la vida actual. Pierna izquierda: relación con la madre, rama materna o el pasado.
- Relación con el movimiento. La pierna derecha permite avanzar, la pierna izquierda permite soltar el pasado.
- Si falla una pierna, suele ser que no ha tomado al padre (pierna derecha) o a la madre (pierna izquierda).
- Si solo se apoya en una pierna, puede ser que le falta tomar al progenitor representado por la pierna sobre la que no se apoya, o que el asunto actual en su vida tiene

que ver con el progenitor representado por la pierna sobre la que se apoya.
- Peso en las piernas: a ambos padres: *«Tomo tu carga en mi corazón»*.

Pulmones

Dolor en los pulmones: *«Tengo miedo de morirme»*, o bien: *«Tengo miedo de que te mueras»*.

Puños cerrados

Energía asesina de venganza.
Pulgar dentro: *«Me mato para no matar, me agredo para no agredir»*.
Pulgar hacia fuera: *«Te mato»*, o bien: *«Me vengo de ti»*, o bien: *«Le vengo»*.

Respirar

La respiración muestra el flujo de la vida y del amor.
Inspirar es tomar, es recibir el amor de los demás, en particular el de la madre. Espirar es dar, dar amor.
Asma: no poder o no querer tomar el amor de la madre. No querer vivir. Por esa razón ayuda mucho a un asmático ponerlo frente al representante de su madre y pedirle que respire, que inspire el amor de su madre.

Rigidez

Tensión en brazos, manos o piernas: energía asesina, perpetradora. No es una energía asesina de venganza o defensa como en los puños cerrados, es energía asesina de ataque.

Riñón, dolor en el riñón

- Relacionado con los momentos críticos y tensos en los que hay que combatir o huir: miedo a una relación, inseguridad sexual, miedo a expresarse, miedo a la supervivencia, a no poder asegurar la reproducción de la especie, del clan: *«No tengo fuerza. No sé cómo sobrevivir. Todo se me ha echado encima. Soy una víctima como tú»*.
- Relacionado con el estatus, la confianza en uno, el poder sobre nuestra propia vida y las emociones en las relaciones sociales.
- Aferramiento a viejas pautas emocionales. Control excesivo, deseo de perfección. Miedo no reconocido o no expresado. *«Quiero controlarlo todo». «Por miedo controlo demasiado». «Confío, todo está como tiene que estar»*.
- Indecisión crónica. Incapacidad para tomar una decisión importante.
- Túbulos colectores de riñón: enfermedad de los refugiados que lo han perdido todo; sentimiento de abandono, destierro, desarraigo, expatriado. *«Disfruto de lo que me queda». «Me rindo»*.

Risa

Alegría, complicidad.
Agresión, mofa de otro.
Autoagresión, «la risa del ahorcado» (uno se ríe de su propia desgracia).

Rodilla, dolor en la rodilla

- Dificultad para ir hacia. Rodilla derecha: dificultad para ir hacia el padre o algún aspecto de la vida actual (pareja, trabajo). Rodilla izquierda: dificultad para ir hacia la madre o soltar la infancia.
- No puede inclinarse ante sus padres, quizás porque está haciendo de padre o de madre de ellos o simplemente porque no está en su lugar de hijo o de hija.

Sentirse normal

Sentirse «normal», bien, fuerte, indiferente, no implicado, seguro de sí mismo, superior a los demás: culpable que no ha asumido su culpa, actitud de perpetrador.

Tobillo

- Vínculo con alguien de la generación de los abuelos, maternos si es el tobillo izquierdo, paternos si es el tobillo derecho.

- Representa lo que facilita o frena el movimiento hacia delante (derecho) o facilita o frena el soltar el pasado (izquierdo).

Vesícula

Dolor en la vesícula: «*Asumo mi resentimiento, mi amargura, mi desilusión*».

Me retiro.

El movimiento sanador sigue en ti
y en todos los que sintonizan contigo.

Agradezco tu destino.

Todos juntos al servicio del amor en crecimiento

www.insconsfa.com

Otros libros de la autora

EMPEZAR A CONSTELAR
Apoyando los primeros pasos del constelador, en sintonía con el movimiento del espíritu

BRIGITTE CHAMPETIER DE RIBES

Es este un libro eminentemente práctico que aporta pistas y posibilita nuevas tomas de consciencia, crecimiento continuo, creatividad e investigación a través de todo un abanico de ejercicios fenomenológicos y sistémicos: cómo hacer el vacío, purificarse, vivir las órdenes del amor y de la ayuda, evitar la relación terapéutica, dialogar con el inconsciente, etc.

CONSTELAR LA ENFERMEDAD DESDE LAS COMPRENSIONES DE HELLINGER Y HAMER

BRIGITTE CHAMPETIER DE RIBES

Este segundo libro de Brigitte Champetier de Ribes nos adentra en el mundo del significado profundo de la enfermedad, tal y como Hellinger y Hamer lo descubrieron, cada uno a su modo, pero ambos totalmente fenomenológicos, sistémicos y conectados con algo más grande. De este acercamiento metodológico nace un libro que ampliará el horizonte terapéutico a la vez que introduce una nueva actitud ante la vida y la enfermedad.

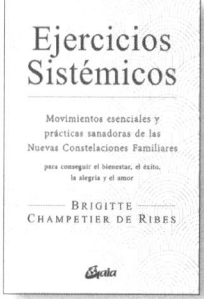

EJERCICIOS SISTÉMICOS
Movimientos esenciales y prácticas sanadoras de las nuevas constelaciones familiares

BRIGITTE CHAMPETIER DE RIBES

Después de describir la filosofía de Bert Hellinger en Constelar la enfermedad; la aplicación sistémica y fenomenológica de las Nuevas Constelaciones Familiares en Las fuerzas del amor; la mirada sistémica del amor en Los desafíos de la vida actual y el lenguaje corporal y espacial en las constelaciones familiares en Las frases sanadoras, Brigitte Champetier de Ribes nos presenta ahora una valiosa herramienta que nos guiará en el uso diario de estas prácticas sanadoras.

Otros libros de la autora

LAS FUERZAS DEL AMOR
Las nuevas constelaciones familiares
BRIGITTE CHAMPETIER DE RIBES

Existen cuatro fuerzas universales, sistémicas y físicas que rigen las dinámicas de todo lo que existe, orientando todo en un gran movimiento de amor desde la diversidad hacia la unidad: aceptación, orden, inclusión y equilibrio.
La primera fuerza es la del amor incondicional que engloba a las tres siguientes. En efecto, las fuerzas del orden, de la pertenencia o de la compensación no son más que las distintas facetas del amor mayor.

LOS DESAFÍOS DE LA VIDA ACTUAL
Constelaciones familiares
BRIGITTE CHAMPETIER DE RIBES

Los desafíos de la vida actual ofrece una mirada abarcadora y concreta sobre los aspectos de la vida más difíciles de aceptar, como son la desigualdad, la injusticia, la corrupción, los abusos de poder y la violencia entre hombres y mujeres.

GRUPO GAIA

Para más información
sobre otros títulos de
GAIA EDICIONES

visita
www.grupogaia.es
Email: grupogaia@grupogaia.es
Tel.: (+34) 91 617 08 67